Hegel
&
a Fenomenologia
do espírito

Coleção **PASSO-A-PASSO**

CIÊNCIAS SOCIAIS PASSO-A-PASSO
Direção: Celso Castro

FILOSOFIA PASSO-A-PASSO
Direção: Denis L. Rosenfield

PSICANÁLISE PASSO-A-PASSO
Direção: Marco Antonio Coutinho Jorge

Ver lista de títulos no final do volume

Paulo Meneses

Hegel & a Fenomenologia do espírito

ZAHAR

Jorge Zahar Editor Ltda.
rua Marquês de S. Vicente 99 – 1º | 22451-041 Rio de Janeiro, RJ
tel (21) 2529-4750 | fax (21) 2529-4787
editora@zahar.com.br | www.zahar.com.br

Capa: Sérgio Campante

Composição: TopTextos Edições Gráficas Ltda.

CIP-Brasil. Catalogação-na-fonte
Sindicato Nacional dos Editores de Livros, RJ.

Meneses, Paulo
M499h Hegel & A fenomenologia do espírito / Paulo Meneses. — Rio de Janeiro: Zahar, 2003.
(Passo-a-passo; 15)

Inclui bibliografia
ISBN 978-85-7110-701-4

1. Hegel, Georg Wilhelm Friedrich, 1770-1831. A fenomenologia do espírito. 2. Espírito. 3. Consciência. 4. Filosofia alemã. I. Título. II. Série.

CDD: 193
03-0139 CDU: 1 (43)

Sumário

Posição de Hegel na história da filosofia

Hegel é dos pensadores mais importantes da história da humanidade: todo o pensamento anterior converge para ele, e todos os seus sucessores, em grau maior ou menor, derivam dele ou elaboraram suas filosofias em diálogo com o hegelianismo, ainda que fosse para refutá-lo. Em plena filosofia moderna, depois das "desconstruções" empiristas e kantianas, Hegel pretendeu restabelecer o reinado da razão. Só que a razão por ele defendida é uma razão ampliada, em que cabem todas as obras e criações do espírito humano na história — arte, religiões, sistemas políticos —, cujo sentido específico Hegel procura discernir.

A frase de Hegel tão denunciada "O que é racional, é real-efetivo; e o que é real-efetivo, é racional" quer dizer que o racional não está em alguma utopia, mas existe no íntimo da realidade. Não é um sonho abstrato, mas sim o concreto, na riqueza de seus múltiplos aspectos e contradições. O real, por sua vez, não é "uma história contada por um idiota", mas está impregnado de razão, que o estrutura e lhe dá significação. O pensamento de Hegel, ao contrário do niilismo de Heidegger e dos pós-modernos, é um pensamento construtivo, pois as contradições são mediações para uma realização mais plena.

A originalidade de Hegel — que faz sua grandeza, mas que também é fonte de mal-entendidos — é seu pensamento dialético. A realidade, como sugeria Heráclito, seria um fluxo constante, como o rio, como o fogo. Para captá-la, o pensamento tem de ser também dialético, lidar com a contradição e assimilá-la, aderir a seus contornos e a seu movimento. Toda a filosofia de Hegel consiste na exposição dessa dialética. Assim, a cada passo, as contradições vêm corroer por dentro as afirmações obtidas e as elevam a um novo patamar de realidade e de compreensão, em que são "suprassumidas" ou seja, ao mesmo tempo *negadas* na sua figura original e *conservadas* na sua essência profunda, num nível superior.

Hegel usa o exemplo da flor que nega a realidade do botão, mas que o conserva na plenitude do fruto. Podia falar também da idade madura que supera a fase das negações da adolescência, mas as recupera, junto com a doçura da infância, num plano mais alto de reconciliação consigo mesmo, com o outro e com o mundo. Mas são metáforas apenas: a dialética é o supremo esforço da razão, porém é o único método capaz de obter a compreensão do todo. Por isso, entre os grandes filósofos, Hegel é o menos entendido, e objeto de exposições incapazes de captar seu pensamento, tão superficiais quanto distorcidas. Por outro lado, seu pensamento é também uma armadilha: ninguém consegue captá-lo sem se fazer, enquanto o estuda, hegeliano também, ao refazer em si mesmo o movimento do conceito hegeliano. Só que depois disso muitos não conseguem escapar dessa "ciranda" e não encontram saída para voltarem à maneira de pensar anterior. Por isso talvez a tendência comum seja manter-se de fora — o que tem como contrapartida nada entender verdadeiramente de Hegel.

A *Fenomenologia do espírito*

Em 1807, aos 37 anos, Hegel publica a *Fenomenologia do espírito*, por muitos considerada a obra mais genial da história da filosofia, pela originalidade de sua concepção, pela maestria incomparável no uso da dialética e pela elaboração de uma nova linguagem. A cultura de sua época é, então, reordenada segundo os princípios de sua própria filosofia. Trata-se, para Hegel, de percorrer o caminho de experiências da consciência, de tal maneira que o desenvolvimento da humanidade mostre o sentido mesmo do seu percurso, num saber que o funda e justifica. Segundo Padre Vaz, a *Fenomenologia* se caracteriza por:

- "articular com o fio de um discurso científico — ou com a necessidade de uma lógica — as figuras do sujeito ou da consciência que se desenham no horizonte do seu afrontamento com o mundo objetivo. 'Ciência da experiência da consciência', esse foi o primeiro título escolhido por Hegel para a sua obra. Na verdade, as 'figuras' dessa experiência têm uma dupla face ... *histórica*, porque as experiências aqui recolhidas são experiências ... de uma cultura que se desenvolveu no tempo sob a injunção do pensar-se a si mesma e de justificar-se ante o tribunal da Razão. Uma face *dialética*, porque a sucessão das figuras da experiência não obedece à ordem cronológica dos eventos, mas à necessidade imposta ao discurso de mostrar na seqüência das experiências o desdobramento de uma lógica que deve conduzir ao momento fundador da ciência do saber absoluto, como adequação da certeza do sujeito com a verdade do objeto."

- dois fios condutores: "o das *figuras* e o dos *momentos*. O primeiro ... traça o processo de formação do sujeito para o saber, unindo dialeticamente as experiências da consciência que encontram expressões exemplares na história da cultura ocidental. As figuras delineiam portanto, no desenvolvimento da *Fenomenologia*, o relevo de um tempo histórico que se ordena segundo uma sucessão de paradigmas e não segundo a cronologia empírica dos eventos. Mas vimos como essa referência à história é essencial para Hegel ... . O segundo fio une entre si os *momentos* dessa imensa demonstração ou exposição da necessidade imposta à consciência de percorrer a série de suas figuras — ou das experiências de sua 'formação' — até atingir a altitude do saber absoluto. Vale dizer que a ordem dos momentos descreve propriamente o movimento dialético ou a lógica imanente da *Fenomenologia* e faz com que a aparição das figuras não se reduza a uma rapsódia sem nexo ... ."

- três significações fundamentais: "Uma significação propriamente *filosófica*, definida pela pergunta que situa Hegel em face de Kant: o que significa para a consciência experimentar-se a si mesma através de sucessivas formas de saber, que são assumidas e julgadas por essa forma suprema que chamamos ciência ou filosofia?

Uma significação *cultural* definida pela interrogação que habita e impele o 'espírito do tempo' na hora da reflexão hegeliana: o que significa, para o homem ocidental moderno, experimentar o seu destino como ... decifração do enigma de uma história que se empenha na luta pelo sentido através de aparente sem-razão dos conflitos, ou que vê florescer 'a rosa da razão na cruz do presente'? ... uma significação *histórica,* definida pela questão que assinala a originalidade do propósito hegeliano: o que significa para a consciência a necessidade de percorrer a história da formação de seu mundo de cultura como caminho que designa os momentos do seu próprio formar-se para a ciência?"

Muito se discutiu para ver se a *Fenomenologia* era uma "introdução" ou uma "primeira parte do sistema". Está claro que, no projeto original, era a primeira parte do "Sistema da Ciência", pois assim consta na folha de rosto; mas durante a redação Hegel se afastou da concepção primitiva, desistiu de escrever então a obra sistemática a que se propunha e, numa edição corrigida que preparava quando morreu, tinha riscado o subtítulo "1ª parte". Seria então uma "introdução"? Certamente essa "viagem de descoberta" leva ao encontro do saber ou da filosofia propriamente dita. É uma introdução de grande originalidade, que acompanha a "experiência que a consciência faz de si mesma", desde os primeiros passos (*das werdende Wissen*, o saber em vir-a-ser) até chegar à razão — e que depois percorre o périplo do "espírito do mundo" numa história ideal da consciência universal, onde se enfocam várias de suas figuras mais características. Além disso, o ponto de chegada, o "saber absoluto", coincide com o sistema, que se move no "elemento do saber".

Na verdade, mais que uma introdução a *Fenomenologia* representa uma outra exposição do hegelianismo, enriquecida com a experiência da consciência e sua dialética necessária que a move até a verdade, e com a riqueza da referência histórica das várias formas e figuras que o espírito assumiu no tempo que é o "corpo do conceito". No prefácio Hegel apresenta a *Fenomenologia* como uma propedêutica, em que o espírito prepara para si o elemento do saber, onde vão expandir-se, na *Lógica* ou *Filosofia especulativa*, seus momentos na forma de simplicidade, onde já não existe a oposição entre ser e saber.

A *Fenomenologia* estuda o espírito em seu "ser-aí" imediato, enquanto a *Lógica* (ou filosofia especulativa) estuda-o no retorno a si mesmo. Assim, a *Fenomenologia* e a *Enciclopédia* não seriam exposições em paralelo, nem em sucessão; estariam antes em perpendicular, cada uma numa dimensão, embora tocando-se num ponto que é o *saber absoluto*. É de notar que nessa expressão, tão mal interpretada, Hegel não se arroga uma onisciência divina; quer significar simplesmente a filosofia, ponto de chegada do espírito, quando se lhe torna transparente todo o seu percurso anterior, ou sua "formação" (*Bildung*), na diversidade de formas e figuras assumidas na história do pensamento e da cultura em geral. Nesse "retorno a si mesmo", nessa reflexão e interiorização rememorante (*Erinnerung*), todo o processo se esclarece e é absorvido na luz do saber absoluto, em que "o verdadeiro é conhecido como verdadeiro".

Recepção da obra

Karl Ludwig Michelet, que foi aluno de Hegel, conta que o filósofo lhe dissera que "a *Fenomenologia* era sua viagem de descoberta". Ainda no século XIX, David Strauss considerava a *Fenomenologia* "o alfa e o ômega da filosofia de Hegel; ali, pela primeira vez, Hegel parte com seus próprios navios, como num roteiro da *Odisséia*, e circunavega o mundo"; para Marx, ela era "o lugar de nascença e o segredo da filosofia de Hegel". No começo do século XX, Windelband dizia: "A geração que seria capaz de entender a *Fenomenologia do espírito* de Hegel está em vias de extinção. Agora já se podem contar os que apenas a leram do começo ao fim." Pouco antes da Segunda Grande Guerra, entre 1933 e 1939, o curso de Kojève na École des Hautes Études de Paris, marcou o renascimento do interesse pela *Fenomenologia*. Uma constelação rara de intelectuais seguia seus cursos: entre outros, Merleau-Ponty, Lacan, Bataille, Gurvitch, Gaston Fessard e Jean Hyppolite, que foi o primeiro tradutor do livro para o francês, em 1941. Daí tem início uma escola francesa de estudos sobre a *Fenomenologia*, que publicou valiosas traduções e análises da obra de Hegel.

Estrutura da obra

As condições de redação, em particular a mudança de plano durante a elaboração, complicaram a própria divisão do livro. Simplificando, vemos que a *Fenomenologia* começa com um prefácio, que é uma espécie de manifesto apresentando o sistema original de Hegel. Segue-se a introdução, que contrasta com o prefácio: este visava a totalidade do sistema hegeliano, enquanto aquela refere-se ao texto da "experiência que faz a consciência", tal como Hegel então projetava seu trabalho. Não é propriamente uma introdução à *Fenomenologia do espírito*, tal como a conhecemos hoje, mas sim a essa "experiência da consciência" inicialmente projetada.

O prefácio. Uma das dificuldades para quem inicia o estudo da *Fenomenologia* é logo se deparar com um texto de inegável beleza literária, mas também de uma densidade e originalidade de pontos de vista também excepcionais. Hegel aqui "pede passagem" no mundo filosófico de seu tempo como filósofo original e mestre consumado. Até então era pouco conhecido, apenas um jovem filósofo na linha de Fichte e Schelling, mas ainda não respeitado como um pensador autônomo à altura de seus dois predecessores. Nesse prefácio, Hegel mostra a grandeza e a profundidade de sua filosofia, e conquista para sempre seu lugar na constelação do idealismo alemão como astro de primeira grandeza. Sua consagração como um dos grandes pensadores da história da filosofia virá depois, em seu ensinamento em Berlim.

Hegel começa por relativizar os "prefácios" por não serem discurso filosófico, mas apenas retórica, meras "apreciações" em que o escritor apresenta suas conclusões e se compara a outros autores. Filosofia, ao contrário, é traduzir a realidade em conceitos, passar do "amor ao saber" ao saber mesmo, construindo um sistema científico da verdade. Isso é exigido pelo progresso do pensamento e pelas condições da cultura do nosso tempo. Estamos no limiar de uma nova época: é verdade que mudanças ocorrem sempre, mas de repente há um salto qualitativo, surgindo nova figura do espírito, que não surge como realidade acabada, embora o novo conceito recapitule e dê sentido ao processo anterior.

Enumera então algumas características de sua filosofia: 1) apresentar o *verdadeiro* não só como *substância*, mas precisamente também como *sujeito*: o ser que é real somente no movimento de se pôr a si mesmo ou o ser que é mediação entre seu próprio tornar-se outro e si mesmo; 2) a verdade está no *resultado*, unido *com o processo* pelo qual chegou até ele; 3) a *negatividade* e a *mediação* são essenciais: a primeira proposição que se faça já contém o ser-outro.

Mediação é a igualdade consigo mesmo em movimento, reflexão sobre si mesmo, pura negatividade, simples vir-a-ser. O termo "deus" não quer dizer nada; só os atributos lhe dão um conteúdo. Entretanto, isso traz implícita a idéia de que não se trata do *absoluto* como universal, essência ou substância, mas como *sujeito*. O cristianismo, definindo o absoluto como espírito, exprime a seu modo o mais alto conceito: que *a substância é essencialmente sujeito*. O espírito que se sabe desenvolvido como espírito é a ciência — sua efetividade e seu reino em si mesmo construído. Tem como "elemento" *o puro saber*, mas esse "éter" só atinge a perfeita transparência através de seu vir-a-ser. Para chegar a esse éter a consciência comum precisa de que a ciência lhe mostre como encontrar uma "escada" para isso.

A *Fenomenologia do espírito* mostra como o saber, passando por suas várias figuras, eleva-se do conhecimento sensível até à ciência. São etapas de sua formação (*Bildung*) em que a mais elevada contém as etapas inferiores, como momentos suprassumidos. Seu percurso assimila as aquisições culturais da história, que em seu tempo foram etapas necessárias ao desenvolvimento do espírito universal. Temos hoje a vantagem de percorrer um caminho já trilhado e depositado em pensamentos. Mas há também uma desvantagem, essas coisas "bem-conhecidas" fazem a inteligência repetitiva abandonar a busca da verdade por si mesma. É preciso analisar e dissolver essas representações com o trabalho do negativo para que o conceito se mova. O sujeito é dotado desse poder mágico de tirar a vida da morte, o positivo do negativo: parte da imediatez abstrata, e, na convivência e assimilação do negativo, torna-se a mediação que produz um novo imediato, a substância como espírito.

O negativo na gênese das figuras da consciência. A consciência, ser-aí imediato do espírito, tem dois momentos: o do *saber* e o da *objetividade*, negativo em relação ao saber. No percurso das fases da consciência, tal oposição reaparece em cada uma delas como outras tantas figuras da consciência. A *Fenomenologia* é a ciência dessa caminhada. A consciência limita-se a conhecer o que está em sua experiência; e o que nela está é a substância espiritual na forma de objeto. O espírito se torna objeto por ser esse movimento de *fazer-se um outro para si mesmo* — um objeto para seu próprio si — e, depois, suprassumir esse ser-outro. Experiência é, portanto, o movimento em que o imediato se exterioriza e, depois dessa exteriorização, retorna a si mesmo. O negativo — que aparece como uma falha, desigualdade entre o eu e a substância (seu objeto), ou da substância consigo mesma — é na verdade a alma e o motor de todo o processo. Só no seu termo está eliminada a separação entre o saber e a verdade, pois a substância então se revela como sendo essencialmente sujeito: tem a forma de si, ou seja, é sujeito.

Quem deseja ser introduzido diretamente na verdade, saltando as formas "falsas" apresentadas durante seu processo, ignora o papel da desigualdade e do negativo na dialética, que estão no interior do verdadeiro, pois o si é negatividade. Sujeito e objeto, finito e infinito, saber e pensamento, ser e pensar devem ser vistos em sua unidade, e não em sua separação. Pode-se dizer que o falso é um momento da verdade, mas não mais como falso. Estamos longe do dogmatismo que pensa que a verdade filosófica cabe numa proposição nítida, como um resultado fixo, do tipo de uma data histórica ou de uma demonstração matemática. O objeto da filosofia não é o abstrato, mas o real efetivo. Ora o efetivo é o processo em sua totalidade, que gera e percorre os seus momentos, algo eminentemente positivo, mas não um positivo morto, pois inclui em si o negativo. "A 'manifestação' é o movimento de nascer e de perecer, movimento que não nasce nem perece, mas que é em si e constitui a efetividade e a vida da verdade". O verdadeiro é assim delírio báquico em que todos os membros estão ébrios, e como esse delírio dissolve na unidade do todo qualquer membro que ameace separar-se, vem a ser o mesmo que o repouso translúcido e simples.

O *processo* é o seguinte: no 1º momento, o essente ("o que é") se torna um outro para si mesmo; no 2º momento, ele retoma em si mesmo esse ser-outro como um momento seu, uma forma sua. A negação operava no 1º momento para distinguir e pôr um "ser-aí" e, no 2º, para fazer surgir a determinidade que o caracteriza. O conhecimento dialético exprime a necessidade interior, a vida desse objeto, e para tanto fica absorto nele, profundamente. Daí retorna para si mesmo, carregado de um rico conteúdo para ascender a uma verdade superior. Já que a substância é sujeito, todo conteúdo é também reflexão sobre si mesmo, e assim é, essencialmente, pensamento. Substância diz "igualdade do ser-aí consigo mesmo"; porém essa igualdade é abstração, e sendo abstração é pensamento; mas sendo abstração de si mesmo é desigualdade consigo, dissolução: é o seu vir-a-ser, enquanto movimento de retirar-se em si mesmo e interiorizar-se. O pensamento dialético acompanha o movimento do essente, esquece a si mesmo no objeto e, de dentro, vê esse objeto dissolver-se e tornar-se um momento do todo.

Dialética e conceito. O essente tem, por natureza, a necessidade lógica de ser, no seu ser, seu próprio conceito. Por outro lado, o pensamento dialético é esforço concentrado na produção de conceitos. As determinações mais simples requerem muita atenção para que se apreenda o movimento interno que as anima. Bem diverso do pensamento *conceitual* é o pensamento *representativo*, que fica no plano das imagens sem se elevar ao conceito. Outro desvio é o pensamento *raciocinante*; afinal, é superficial discorrer sobre noções e opiniões sem penetrar nunca na coisa mesma e no seu movimento interno.

A proposição filosófica implica um conflito dialético entre a forma discursiva da proposição — dualidade de sujeito e predicado — e a proposição idêntica em que sujeito e predicado fazem um só. Na proposição filosófica, a identidade do sujeito e do predicado não deve aniquilar sua diferença, mas acentuá-la. Por exemplo, se digo "Deus é Ser", o predicado é a essência, algo de substancial em que o sujeito some, deixando sua posição de sujeito fixo que a proposição lhe dá. E assim o pensamento, em lugar de ter progredido, sofreu um retrocesso, tendo sido relançado na direção do sujeito e mergulhado dessa forma no conteúdo; do qual quer afastar-se, pairando de predicado em predicado, o pensamento raciocinante. A proposição deve exprimir o verdadeiro; e que é ele senão sujeito, e como tal, movimento dialético, mas que produz a si mesmo durante o processo e retorna sobre si? O conceito dialético tem um conteúdo que é perfeitamente sujeito, e não pode funcionar como predicado de um sujeito anterior que o fundasse. Aliás, a filosofia não é diretamente dada, nem o bom senso produz filosofia, mas só verdades triviais. Nem a erudição pode tomar o lugar da filosofia, nem as intuições "geniais" e emotivas do sagrado, do infinito etc. estão acima da filosofia. Só pelo trabalho do conceito pensamentos verdadeiros e penetração científica são obtidos; só o conceito pode produzir a universalidade do saber — verdade amadurecida e suscetível de ser possuída por toda razão consciente de si.

Introdução. Hegel descarta uma crítica do conhecimento nos moldes kantianos, pois acha um contra-senso tomar o conhecimento por um *instrumento* ou um *meio* de conhecer: como eliminar o que seria deformação do instrumento ou do meio se o que ainda restasse tinha de ser objeto do conhecimento (e de nova crítica)? Esse medo do erro acaba sendo um medo da verdade ou o próprio erro. A ciência deve surgir do saber fenomenal, ou seja, partir do conhecimento comum, pois a consciência é solicitada constantemente a ultrapassar-se e já tem em si um critério da verdade, ao refletir a cada passo sobre a relação entre seu saber e seu objeto. Essas etapas formam uma série de *figuras* que se sucedem na consciência. "Para nós, filósofos" há uma dialética necessária nessa sucessão de figuras e seu estudo é a *Fenomenologia do espírito*.

Consciência. Esta seção parte do conhecimento espontâneo do sujeito que tem consciência de conhecer um objeto externo, como se uma janela se abrisse e visse uma paisagem. É também a posição do "realismo antigo": a verdade está nas coisas e o conhecimento consiste em recebê-las, como faz a fotografia. O mundo externo causa uma impressão, uma "sensação" no sujeito e nisso se esgota o processo do conhecimento, que Hegel chama "certeza sensível", porque esbanja certeza e é todo sensação. A atividade própria do espírito no ato de construir seu objeto ainda não despertou atenção, e nada mais distante do que as visões idealistas.

A certeza sensível. A primeira "experiência que faz a consciência" é a do o saber sensível. Parece o mais seguro e rico dos conhecimentos, porém, examinado de perto, sua abstração e pobreza se mostram. Sei desse objeto que ele é "aqui" e "agora", mas, se tento dizer isso, sou obrigado a ultrapassar esse conhecimento imediato e referir-me ao espaço e ao tempo que são "universais". Se desespero de abarcar o objeto singular pela certeza sensível, e recorro ao sujeito que o conhece, volta o problema, pois se vejo uma árvore, outro vê uma casa; o eu do conhecimento é também um universal, e o ato de indicar o que tenho na minha experiência, também. Há assim uma dialética na certeza sensível: supõe no início que a verdade está no objeto e que o conhecimento é acidental: seja conhecido ou não, o objeto é o mesmo.

A consciência que se volta para o sujeito busca nele sua verdade: tem certeza dos objetos porque os vê e possui um saber sobre eles. Acontece que os outros sujeitos têm outras sensações, igualmente verdadeiras. Temos, pois, de recorrer à universalidade dos sujeitos.

Um último recurso para salvar a certeza sensível — não do lado do objeto, nem do sujeito — é apostar na união dos dois no ato do conhecimento, mas o problema ressurge, porque a consciência continua oscilando entre o sujeito e o objeto. Além disso, essa certeza está sempre esquecendo e recomeçando o mesmo caminho. Insensata é a posição cética quando quer erigir a certeza sensível em sua única verdade: que verdade é essa, que é negada no próprio ato que a afirma? De fato, dizer que "só a coisa singular é verdadeira" é fazer um juízo universal pois toda coisa é singular: é afirmar como verdade um universal, na mesma sentença que atribui a verdade exclusivamente ao singular. A linguagem tem esse dom divino de transformar em universais qualquer tentativa de se restringir ao singular. Assim, a consciência vê que, em lugar de se ater ao imediato sensível, tem de *tomar* a coisa na sua *verdade* (*wahr nehmen* = perceber).

A percepção. Na figura da percepção, a consciência já tem universais como objeto; mas essas noções são aderentes à certeza sensível, são a tradução direta das sensações, ou seja, têm por único conteúdo as qualidades sensíveis (as propriedades "organolépticas") pelas quais se conhece a "coisa", entendida como algo subjacente a tais qualidades.

Hegel fala de "universal condicionado" por causa dessa dependência estrita da experiência sensível. A linguagem comum se move nesses universais. O engano é pensar que desvendam a essência das coisas, que sejam a verdade do real.

- Momento do objeto: no ponto de partida, julga-se que a verdade está no objeto, num universal que é uma "coisa" com múltiplas propriedades, calcadas na experiência sensível que foi suprassumida. Aqui Hegel define esse termo básico de sua filosofia, o *aufheben* — que propusemos traduzir por *suprassumir* —, como um ato de negar e conservar ao mesmo tempo, sublimando num nível superior. Nessa negação determinada, o sensível é mantido quanto à sua determinidade, mas negado quanto à sua singularidade. A propriedade é uma propriedade *sensível,* mas um sensível *universal.* Mas o próprio conhecimento é chamado "negatividade", pois nele o espírito se faz um "outro", um não-eu, além de conhecer universalmente, nessa abstração que é negar as condições concretas ou individuais. Na percepção, a "*coisa*" é um Uno, que enfeixa propriedades distintas. No entanto, essas propriedades são *universalidades* e não constituem um Uno singular.

- Momento do sujeito. Para conciliar isso, tenta-se pensar que essa multiplicidade é por conta do sujeito: por exemplo, o sal é uno, mas é branco para meus olhos, salgado para meu paladar, cúbico para meu tato. A diversidade seria obra minha. Examinando, porém, de novo, vejo que a propriedade pertence à coisa, porque a distingue das outras. A unidade é subjetiva, pois unifico as percepções num *também* que é a coisa: branca e *também* salgada, e *também* cúbica etc. Refletindo novamente, a consciência vê que a coisa e sua percepção têm as duas características de unidade e diversidade, e tenta resolver o problema com a distinção do *enquanto*: a coisa enquanto é para si é una; enquanto é para os outros (i.é, na sua relação com as outras coisas), é múltipla.

– Ultrapassagem. É justamente em virtude de seu caráter absoluto que uma coisa se liga às outras, pois é só e essencialmente esse relacionar-se. A distinção "enquanto isso, enquanto aquilo" é inoperante. Urge fazer uma nova suprassunção: a primeira já foi feita, da sensação para a percepção (universal condicionado); agora esse condicionamento ao ser sensível tem de ser suprassumido nas puras determinidades do entendimento, que domina essas abstrações da "sã razão" e do "bom senso", e as "sofisticarias" da percepção.

Força e entendimento. O novo passo experimentado pela consciência, depois de desistir de encontrar a verdade nos universais condicionados, calcados sobre as sensações, é determinar seu objeto pelas categorias próprias do entendimento. Aqui Hegel põe em evidência a distinção das duas dialéticas que animam a *Fenomenologia*: uma, a da consciência que se experimenta numa série sucessiva de tentativas, e outra, a da análise filosófica ("para nós, filósofos"), que descobre o nexo necessário, a lógica dialética que une essas figuras como momentos de um processo. Nessa etapa, a essência da realidade não é mais concebida como uma transposição dos dados dos sentidos, mas sim determinada pelo entendimento: primeiro, como forças e jogo de forças que estão por trás dos fenômenos; depois, como leis que regem essas forças e fenômenos, formuladas pelo entendimento. É o advento da ciência de Galileu e de Newton e do dinamismo filosófico de Leibniz.

Agora, a consciência abandona suas abstrações unilaterais e conserva a unidade e a multiplicidade, o ser para si e o ser para outro (que a percepção opunha), descobrindo que se trata da mesma essência, em que os dois termos se suprassumem um ao outro.

- As forças. A expansão das diferenças é a exteriorização da força. Os dois momentos, a força recalcada sobre si e a força exteriorizando-se, só se distinguem no pensamento, no conceito, pois no objeto a força é para si o que é para outro. Mas se na realidade a força não fosse seus dois momentos, não seria força. (Nós, filósofos, vemos que esse movimento é o que na percepção aparecia como dualidade sujeito/objeto. Como resultado desse movimento vai produzir-se o universal incondicionado como não objetivo, como o *interior das coisas*. Mas a consciência fenomenal ainda não chegou até lá.)

– O jogo das forças. Para sair de seu dilema, a consciência inventa a existência de duas forças — uma solicitante, outra, solicitada. Uma solicita porque é solicitada e vice-versa. Ora, o problema é duplicado e não resolvido: a força não saiu de seu conceito e a realidade da força se reduz ao seu pensamento. A força só é efetiva na sua exteriorização que coincide com sua suprassunção: a força quando se realiza deixa de ser real.

– O interior. O interior das coisas é concebido como o negativo da força objetiva. O entendimento só entra em relação com ele através do jogo de forças, que é o meio-termo que une o entendimento com esse interior, meio-termo que só se manifesta em seu desaparecimento, e é chamado fenômeno: pura aparência de ser, e não ser de verdade. Oposto a ele, está o mundo supra-sensível, o interior, para além da consciência, não porque a inteligência seja míope, mas porque a natureza desse interior é ser incognoscível. De fato, a essência desse supra-sensível é ser fenômeno, como também ser fenômeno é a verdade do que é conhecido pela certeza sensível e pela percepção. Fenômeno é justamente isso: esses mundos postos como suprassumidos.

– A lei. Agora o interior vai ganhar um conteúdo para o entendimento: a verdade do jogo de forças é a lei da força, lei que não é mais mudança, mas imagem constante do fenômeno sempre instável. O mundo supra-sensível passa a ser o tranqüilo reino das leis, para além do mundo de mudanças, mas presente nele. As leis surgem como diversas, conforme a diversidade dos fenômenos, mas o entendimento tende a uni-las numa lei única, como a atração universal que rege tanto a queda dos corpos quanto o movimento dos astros. Tal lei é apenas o conceito de lei objetivado — diz apenas que a realidade é "legal" ou conforme a uma lei, corrigindo a representação vulgar de que a realidade é arbitrária e caprichosa. Mas essas leis são outra maneira de apresentar as forças, têm a mesma estrutura, o mesmo conteúdo que elas.

– Tautologia e inversão. É assim o movimento tautológico do entendimento: um esclarecimento que, de tão claro, ao tentar dizer algo diverso para se explicar, repete sempre a mesma coisa. Mas, examinando melhor, vemos que esse calmo mundo das leis compreende a mudança e mesmo a mudança absoluta, por ser um movimento que é o contrário de si mesmo e, ao pôr uma diferença, a suprassume. Já vimos isso no jogo de forças: só que aquilo que sucedia no lado de lá (do objeto) sucede no lado de cá (do sujeito): esse leva-e-traz da diferença que, apenas posta, é abolida, ocorre também nesse interior supra-sensível. Pode expressar-se assim essa lei do interior: "o homônimo se repele para fora de si mesmo, enquanto o heterônimo se atrai." Esse mundo suprasensível é um mundo invertido; os valores ganham sinal contrário, as polaridades se invertem. O fluxo que fora do ímã vai do + para o –, dentro dele vai do – para o +.

Em outra esfera, o que é honra no primeiro, no outro é ignomínia; a pena que no exterior maltrata o homem, no interior o beneficia. Mas esses dois mundos são um só: é o mesmo pólo que, visto de um lado, é + e, de outro, é –. A pena tem sua inversão em si mesma, porque a lei, ao ser *aplicada*, é por isso mesmo *aplacada,* e na pena se encontram e extinguem o movimento da individualidade contra a lei e o da lei contra a individualidade (crime e castigo).

– O infinito. A identificação desses dois mundos coloca a noção de infinito, pois só nele uma realidade pode ser o contrário de si mesma, e o mesmo e o outro podem ser uma unidade. Pelo infinito, a lei faz com que os termos opostos passem um para o outro e se suprassumam, pois cada termo é, em si mesmo, seu oposto e negação. Nesse ponto, Hegel se torna poeta: "Esse infinito deve chamar-se alma do mundo, essência simples da vida, sangue do universo, cujo fluxo nenhuma diferença interrompe, já que é em si todas as diferenças e a suprassunção de todas: pulsa sem se mover e estremece no íntimo sem inquietude" (*Fen.* §162). A diferença consigo mesmo e a cisão são imanentes ao infinito. Como pode a diferença sair da unidade? Não é problema, pois *já saiu*: o que devia ser igual a si mesmo é já um fragmento dessa cisão: um momento abstrato que se pensa como anterior à cisão, mas de fato é resultado dela. O infinito é a alma da dialética que desde o começo seguíamos, mas que só se deixou ver no momento do interior.

O fenômeno e o jogo de forças já eram ele, embora só no movimento de explicar aparecesse em estado livre. É então que o infinito, enquanto tal, é objeto da consciência, e "a consciência é consciência-de-si" (Era assim desde o começo — para nós filósofos —, mas só agora ela toma consciência disso).

Consciência-de-si.
A verdade da certeza de si mesmo. O objeto da consciência agora é a própria consciência, e, em lugar da oposição que punha em marcha a dialética da consciência, entre certeza e verdade, temos aqui "a verdade da certeza de si mesmo" e chegamos "à pátria nativa da verdade". Essa seção da *Fenomenologia* desperta o interesse dos comentadores especialmente pela riqueza de suas perspectivas. Sua primeira parte, "Independência e dependência da consciência de si", desenvolve dois temas fundamentais em Hegel: o desejo e o reconhecimento, além de apresentar o célebre texto da "Dialética do senhor e do escravo". A segunda parte, "Liberdade da consciência de si", trata do estoicismo, do ceticismo e da consciência infeliz — essa última constituindo um tema predileto dos comentadores da *Fenomenologia*.

a) Independência e dependência da consciência-de-si.

- *a vida e o desejo.* A consciência-de-si é um retorno a partir do seu outro, o ser da certeza sensível e da percepção — que é trazido para o sujeito pelo desejo. O objeto do desejo é a vida que tem estrutura homóloga à da consciência, pois é, a seu modo, reflexão sobre si, e também negatividade, enquanto a vida, em sua corrente infinita, dissolve todas as determinações e diferenças. Mas o desejo, em sua busca, é um movimento em que um objeto é consumido e logo outro surge na sua independência, atiçando de novo o desejo. E o movimento só pára quando o objeto for outra consciência-de-si, que faça sobre a consciência uma só e a mesma operação que é feita sobre ela; quando o desejo deseja outro desejo e surge o reconhecimento.

- *Dialética do senhor e do escravo.* O primeiro encontro de duas consciências-de-si não é uma identificação amorosa, mas uma luta de vida ou morte. Cada uma quer provar à outra que é a autêntica consciência-de-si no desapego da vida corporal, demonstrando que não está presa a nenhum ser-aí determinado. Na luta, uma se rende para salvar a vida — e se torna *escravo*. A outra emerge como autêntico ser-para-si: é o senhor. O senhor desfruta dos bens; o escravo os produz. O senhor é para-si; o escravo é para-outro, para o senhor o qual considera sua verdade e "essência". No medo absoluto do escravo ante a morte, ele dissolveu-se intimamente, e tudo o que era fixo vacilou. Mas essa dissolução é realizada efetivamente quando pelo trabalho vai eliminando um a um todos os momentos de sua adesão ao ser natural. O senhor é uma potência destrutiva, porque pelo desejo consome o que o escravo produz, e assim vive dependente dele. E como só chega à certeza de si mesmo através de uma consciência dependente, sua verdade é a consciência escrava, na medida em que essa vive no trabalho um processo de formação (*Bildung*): os papéis se invertem, possibilitando o reconhecimento mútuo.

b) Liberdade da consciência-de-si. "Para nós, filósofos", já estava patente que tanto o senhor como o escravo eram consciências que não chegavam a identificar, com seu próprio Eu, as diferenças do ser-em-si e do ser-para-si que nelas se apresentavam. Surge agora uma nova figura que opera essa identificação: o *pensar* da consciência, que em sua liberdade se relaciona com a essência objetiva de modo a que essa tenha a significação do ser-para-si da consciência. Essa liberdade consiste em mover-se não em representações, mas em conceitos, quer dizer, num ser em si diferente, mas que para a consciência não é nada diferente dela. Explicando melhor: "No pensar, eu sou livre porque não estou em um outro, mas pura e simplesmente em mim mesmo; e o objeto, que para mim é a essência, é meu ser-para-mim, em unidade indivisa — e meu movimento em conceitos é um movimento em mim mesmo (*Fen.* §197). Três figuras exemplificam essa "liberdade da consciência-de-si":

- *O estoicismo.* "Como é sabido, chama-se estoicismo essa liberdade da consciência-de-si, quando surgiu na sua manifestação consciente na história do espírito." O princípio do estoicismo é que a consciência é uma essência pensante, e que uma coisa é boa e verdadeira para a consciência quando esta se conduz em relação a ela como essência pensante. Porém o estoicismo peca por ser abstrato, sua liberdade é indiferença para com o ser natural, é pensamento de liberdade, não liberdade vivida. Só expandindo-se na ação o homem encontra um conteúdo para o bem. Além do que, o estoicismo é prematuro, não levando a cabo a negação do ser-outro, mas o deixando coexistir ao lado do pensamento.

- *O ceticismo.* Em contraposição, o ceticismo leva a termo a liberdade do pensamento: é sua experiência efetiva. Pela primeira vez, a dialética é assumida como momento da consciência-de-si. Opera eliminando objetividades, valores e sofismas, acentuando a negatividade da consciência-de-si. A negação radical, que o desejo e o trabalho não conseguiram, a consciência cética consegue, por ser consciência livre que tem em si mesma o pensar e sua infinitude; desse modo as independências são, para ela, apenas grandezas evanescentes. Porém essa consciência é prematura, assim como a estóica, por não ser resultado de todo um processo, tornando-se uma vertigem e oscilando entre confusões e inconsistências; é dupla e contraditória e, assim, naufraga em suas contradições. Desse naufrágio, nasce nova figura que reúne em si os dois termos (o empírico e o universal) que o ceticismo tinha separado: a consciência infeliz.
- *A consciência infeliz.* Na seção VII, "Religião", Hegel refere-se à consciência infeliz como uma forma de religião caracterizada por uma insuperável e dolorida cisão entre a consciência devota e o objeto de seu culto. Sua referência histórica é a Idade Média: a busca das reminiscências históricas de Cristo, que termina no encontro do "sepulcro vazio"; a volta dos cruzados à sua terra,

onde se dedicaram a transformar a Europa numa seara e pomar, atividade agrícola que proporcionava abundância aos homens, dando ação de graças a Deus, pois eram seus dons a força do homem e fecundidade da terra. Termina com a reconciliação — um tema-chave na filosofia hegeliana — entre a consciência finita e a consciência imutável, através de um Mediador, quando a unidade se restabelece; porém a consciência infeliz não se dá conta disso, e continua angustiada.

Cindida e duplicada, essa consciência vive em si mesma a dualidade senhor e escravo; até que, na reconciliação dessas duas consciências em que se cindiu, apareça enfim o conceito de espírito. Os dois pólos de sua cisão são a consciência mutável e a consciência imutável. Ela identifica-se com o pólo inferior, mutável; mas como dali empreende a ascensão para o superior, já possui o imutável, de algum modo. Há três momentos na interrelação dessas consciências: 1) a mutável é rejeitada pela imutável, por ser singular; 2) a existência singular é assumida pela imutável que toma sua "figura"; 3) enfim, há o júbilo da reconciliação no espírito, quando a consciência singular se encontra com ele.

Como o imutável assumiu a figura singular, a consciência sai em sua busca, num movimento que tem três formas.

- O fervor devoto. A alma quer atingir pelo sentimento o imutável figurado, que já se perdeu na distância do tempo e do espaço, mas só encontra seu túmulo vazio. Ao perder também esse, "cai em si". (Para nós filósofos, a alma a si mesma se encontrou e em si mesma se saciou; mas ela ainda não sabe, e continua infeliz.)

- A volta. Retorna então a alma devota para seu mundo e, pelo desejo, trabalho e gozo dos bens da terra, se refere ao senhor que doa os bens e a capacidade de operá-los. Pela "ação de graças", que parece negar sua independência, a consciência se encontra efetiva e efetivante.
- Epílogo. Mas sente que para unir-se verdadeiramente com o imutável falta-lhe ainda extirpar sua singularidade, causa da separação entre ela e o imutável. Seu agir nada vale, seu gozo torna-se infelicidade. Mas extirpar sua singularidade é unir-se com o imutável, assim renunciando à posse dos bens, ao gozo e à vontade própria. O mediador que subsume sua vontade singular à universal é o ministro (o confessor) que pronuncia a remissão e a reconciliação da consciência imutável com a mutável. Mesmo assim, essa consciência continua infeliz ao atribuir a um além a união da singularidade e da universalidade que ela própria, como razão, já operou.

Certeza e verdade da razão. Na razão unem-se a consciência e a consciência de si. A certeza é verdade: seria o termo da experiência que a consciência faz de si mesma, pois com a razão a aparência torna-se igual à essência. A razão é a verdade da consciência-de-si, mas com as correções que Hegel introduz em Kant e Fichte. Nesse enorme capítulo, Hegel perdeu o controle e plano do livro que projetava inicialmente escrever: tornou-se sobrecarregado e difuso mas também de uma extrema riqueza.

Nessa secção, a consciência retorna sobre si mesma: muda de atitude frente à realidade, pois sabe que tudo lhe pertence e o outro não a ameaça, porque se identifica com ele.

a) *A razão observadora.* Hegel vê na atividade científica de observação, experimentação e pesquisa um "instinto de razão", que, idealista sem saber, busca na realidade multiforme do mundo sua presença, certa de que a racionalidade habita no âmago das coisas, e quanto mais as estuda, mais encontra a si mesma. A pesquisa das "leis" — que as ciências empreendem — é a razão querendo descobrir-se e entender-se no seu outro, no mundo dos objetos.

Assim, a consciência que se tornou razão revisita o conteúdo da certeza sensível e da percepção sob nova luz: quer descobrir-se na realidade multiforme, e sua sede de conhecimentos é o desejo de melhor se conhecer.

- *Observação da natureza.* A razão não se contenta com a coleta de dados casuais, mas observa, experimenta, classifica e formula leis. Mas em vez de captar a essência das coisas sensíveis, experimentar as coisas como coisas, o que faz é *transformar as coisas em conceitos* (um ser que é pensado, um pensamento que é ser). Isso vemos nós, filósofos: a razão observadora só no final do processo vai assim encontrar-se.
- *As ciências da natureza.* A passagem da verificação empírica para a lei universal exige a atividade da própria razão que forma em si o conceito (necessário e universal) da lei. Já nas *ciências biológicas,* a razão lida com um

ser de tal modo organizado que é seu próprio fim, que não produz outra coisa senão a si mesmo. Sua natureza, de certo modo, é *conceito*, pois retorna sobre si mesma, seu fim recaindo no seu princípio: é reflexão. Por isso, no ser vivo, a consciência encontra-se a si mesma. Porém a razão observadora não consegue encontrar nas determinações da vida um sistema racional de figuras, já que o ser vivo não é um universal concreto como é o ser espiritual. Então a razão passa a observar a consciência humana, esperando nela afinal encontrar-se de modo satisfatório.

- *Observação da consciência-de-si em sua pureza e em relação à sua efetividade externa. Leis lógicas e leis psicológicas.* A observação volta-se agora para a própria consciência-de-si. Começa examinando o pensamento para encontrar as leis lógicas que o regem. Mas, ao tomar como coisas o próprio movimento do espírito, não chega a entender seu objeto, pois essas "leis lógicas" não passam de momentos evanescentes na unidade do pensamento.
- *Observação do psiquismo humano.* Agora, observando e catalogando as outras atividades do espírito humano, encontra uma multiplicidade espantosa de faculdades, inclinações e paixões, e tenta estabelecer a lei que rege a individualidade em sua relação com a universalidade. Ora o indivíduo abdica em benefício da universalidade, ora se volta contra ela mesma, seja pelo crime, que a subverte de forma apenas singular; seja pelo heroísmo, que a transforma universalmente para todos, produzin-

do um outro mundo — nova ordem social e jurídica em lugar da antiga. As "leis psicológicas" que essa observação propõe são falhas, porque, ao propor explicar a inter-relação entre o espírito e o mundo, gira num círculo vicioso. Explicar o indivíduo pelas circunstâncias que o fizeram ser o que é, é ignorar que o indivíduo interage com elas: tanto pode deixar que o curso da realidade o influencie, quanto pode desviá-lo.

- *Fisiognomia e frenologia: observação da relação da consciência-de-si com sua efetividade imediata.* Essas duas falsas ciências estavam na moda na época de Hegel: a fisiognomia pretendia conhecer o interior através da aparência exterior do indivíduo, como se fosse uma linguagem; a frenologia queria conhecer a individualidade através de seu crânio. São puras aberrações, mas a frenologia, que no fundo afirma que "o espírito é um osso", vigia incessantemente os equívocos da razão observadora, quando aplica seu princípio de que "o exterior expressa o interior".

b) *A razão operante.* Nesse capítulo, Hegel passa à "razão prática", mas aqui suas perspectivas filosóficas em nada condizem com as de Kant. Começa com uma dessas revisões que ocorrem em pontos importantes da *Fenomenologia*: mostra como a razão observadora revisita a dialética da consciência, retomando suas três etapas num nível mais alto. A razão operante faz o mesmo com a consciência-de-si. É nessa seção que Hegel apresenta, pela primeira vez, sua distinção entre eticidade e moralidade, aquela moldada sobre o mundo grego, esta como característica de nossa modernidade. E termina de maneira surpreendente, tomando obras da literatura universal (p.ex. *Dom Quixote*), para exemplificar etapas da razão operante, como suas "figuras".

- *Eticidade e moralidade*

– *O reino da eticidade.* Sua raiz é o reconhecimento recíproco das consciências-de-si: uma encontra sua verdade e certeza na outra consciência de si. Isso se realiza plenamente na vida de um povo, em que as essências singulares e independentes sacrificam sua singularidade e têm sua alma e essência numa substância universal que é a razão. O poder de todo o povo é o meio universal que a todos sustenta: o trabalho do indivíduo, que produz bens para todos e cujas necessidades satisfaz. Tudo aqui é recíproco: dar-se é receber-se, sacrificar-se é recuperar-se. Leis e costumes são a linguagem universal, e os indivíduos singulares reconhecem neles a expressão de si mesmos. Nesse povo livre realiza-se a verdade da razão e a presença do espírito. Por isso os antigos sábios legaram a máxima: "Sabedoria e virtude é viver de acordo com os costumes de seu povo."

– *A essência da moralidade.* Quando o indivíduo desperta para seu valor único e singular, já não consegue viver imerso nessa substância compacta, e se volta contra ela: o eu particular considera-se como sendo, para si mesmo, a verdade viva. Porém seria igualmente possível uma formulação diversa, que colocasse essa moralidade individual como uma etapa inferior que *ainda não* alcançou a universalidade e a densidade da substância ética. O indivíduo moral tenderia, por sua ação, a produzir essa unidade que é felicidade e harmonia e a criar um mundo de reconhecimento universal. Mas também pode não chegar até lá, entrar em guerra contra o mundo real e nada construir no plano ético.

- *As três figuras morais*

– *O prazer e a necessidade.* Esse prazer é diferente do desejo acima estudado, pois se volta exclusivamente para outra consciência-de-si (pessoa humana). Por isso, ao querer satisfazer-se como em um objeto, descobre que encontrou no outro a si mesmo, um sujeito, um eu, que com ele se relaciona de maneira autônoma. A união dos dois é um "reconhecimento": é *singular suprassumido* ou *universal* e, assim, nos encontramos na esfera do *espírito*. Sucede que no seu *prazer*, a individualidade, em lugar de sua própria realização, encontra é a "necessidade" ou o "destino", por causa da ausência de mediação, pois o sentimento não consegue unir a universalidade com a necessidade: só o pensamento é capaz de realizar a unidade dos dois momentos. Como a consciência não reconhece, nas conseqüências de seus atos, suas próprias operações, em vez de desenvolver nessa experiência sua verdade, torna-se um enigma para si mesma.

– *A lei do coração e o delírio da presunção.* Essa consciência tem, em si mesma, a "lei do coração" que lhe é imediatamente dada. Frente a ela, está a efetividade — a humanidade oprimida por uma ordem contrária a essa lei do coração — e pretende lutar pelo bem e a libertação da humanidade. Porém sua lei, quando passa à efetividade, torna-se necessariamente *universal*, além de contrariar os outros indivíduos que têm suas próprias "leis do coração". Essa figura ignora a verdadeira natureza da ordem do mundo, da ordem universal, que é a lei de todos os corações. Ao lutar contra ela, cai numa fúria de presunção desvairada.

– *A virtude e o curso do mundo*. Para essa consciência virtuosa, a lei é o essencial e a individualidade deve ser sacrificada a ela, pela *disciplina*. A individualidade é perversão; a virtude é a volta à sua verdadeira essência, que fora desnaturada pelo "curso do mundo", partindo em luta contra ele. Luta ridícula, como a de um guerreiro cuja única preocupação fosse manter intacta sua espada e também as armas do adversário, já que todas (como dons, capacidades, forças) são partes nobres do bem. O curso do mundo goza de total liberdade na luta, pode arriscar tudo, pois tudo lhe pertence: inclusive o cavaleiro da virtude, como um momento que pode ser conservado ou descartado. A vitória tem de caber ao curso do mundo, que, aliás, não está lutando contra algo efetivo, mas contra abstrações e frases pomposas. Que diferença entre essa "virtude" e a virtude antiga (*areté*, *virtus*), que tinha uma significação precisa e segura, um conteúdo sólido na *substância de um povo*, propondo um bem efetivo, ou seja, existente.

c) *A individualidade que é real em si e para si mesma*. Nesta última figura, coincidem a razão observadora e a razão operante; a consciência de si alcança o conceito que até agora só nós, filósofos, tínhamos dela: o de ser razão, a qual, na certeza de si mesma, é toda a realidade. Para Hegel, "o movimento da individualidade é que é a realidade do universal": agora o indivíduo mostra em sua efetividade toda a amplidão de sua universalidade essencial. "A consciência sai de si não para um outro, mas para si mesma." A realidade exterior, que se determina como expressão do Si, é chamada "coisa mesma". Pode ser uma obra artística, uma construção coletiva, uma "causa" social ou política em que as pessoas expressem, no mundo objetivo, suas idéias e sua criatividade.

- *O reino animal do espírito, a impostura e a "coisa mesma".*

– O conceito. Antes de sua expressão e implementação na obra, essa individualidade apresenta-se como natureza originária e os momentos de seu agir têm conteúdo idêntico. O indivíduo não pode saber o que é, antes de traduzir-se em realidade mediante a *ação*. A *obra* põe a unidade do *ser* e do *agir* como exterior e, nela, o indivíduo se transfere da noite da possibilidade para o dia da presença — para sua exterioridade no mundo.

– A efetivação. Porém, ao efetivar-se como obra — posta no ser —, surgem oposições por todos os lados, quando no conceito havia um feixe de identidades. A partir da oposição entre *ser* e *agir*, (pois este, sendo passagem absoluta, é puro *vir-a-ser*: não é *ser*), opõem-se fins e meios, querer e efetuar, e os outros indivíduos, para os quais a obra é — já que está no ser —, também a contradizem. Mas se a obra é contingente, e desaparece assim que é posta, a consciência retorna a si mesma a partir da obra; e o que permanece é a unidade da consciência com o agir, que é a obra verdadeira, a coisa mesma.

– A coisa mesma. A "coisa mesma" é a compenetração do *conceito* e da *obra*, a unidade do ser e do agir. Mas ao surgir, ainda imediata e abstrata, a integração de seus momentos está antes pensada do que efetivada. Na prática, há uma alternância de momentos, dando lugar à hipocrisia da "consciência honesta" e à impostura ou má-fé que impera no "reino dos animais intelectuais". Esgotada e suprassumida essa experiência negativa, chega-se enfim à autêntica "coisa mesma", que não é predicado, mas sujeito: "essência de todas as essências" ou essência espiritual, ou seja, espírito.

- *A razão ditando as leis.* A consciência ética, em sua forma imediata, é a "sã razão" que julga saber imediatamente o que é bom e verdadeiro, exprimindo esse saber em máximas que julga evidentes, sem necessidade de justificação. Por exemplo, diz que "*cada um deve dizer a verdade*". Entretanto, isso supõe a verdade conhecida. E se não for? Então corrige acrescentando "conforme sabe e acredita", o que introduz a completa contingência e o princípio se dissolve.
- *A razão examinando as leis.* A consciência agora opõe à contingência dos mandamentos a razão necessária e universal. Mas ela também é tautológica e nela cabe qualquer conteúdo. A razão não tem condições de dirimir se o certo é a propriedade privada ou a coletivização, pois cada uma é coerente consigo, e somente con-

tradiz a alternativa contrária. Seria surpreendente se o princípio de contradição, que na razão teórica é indiferente à verdade dos enunciados, fosse algo mais para a razão prática. Como no parágrafo anterior, trata-se de formas de *honestidade* de uma consciência cuidadosa de dar um conteúdo bom e justo à sua ação e de encontrar um critério para a validade dos mandamentos. Ela concebe esses momentos como um *querer* e um *saber* do indivíduo: a consciência, ao suprassumir esses momentos, alcança o universal da *substância ética*, em que as diferentes leis — da família e da cidade — são transparentes e harmoniosas, como é transparente e clara a relação que a consciência mantém com elas. Pois elas *são*: não faz sentido indagar sua origem, nem querer legitimá-las a nossos olhos. É justo porque é assim. Não se trata de fazer leis nem de legitimá-las: quando se começa a examinar, já se tomou uma via "não-ética". "Quando o direito é para mim *em-si e para-si*, estou no interior da substância ética, e assim essa substância é a *essência* da consciência-de-si. Mas tal consciência é, por sua vez, a efetividade dessa substância, seu 'ser-aí', seu si, e sua vontade".

O espírito. A experiência da consciência, incluindo a razão, chegava somente à consciência espiritual. Agora, a substância consciente de si mesma é um espírito que é um mundo: mundo efetivo e objetivo, mas que perdeu toda a significação de algo estranho (como também o si perdeu o significado de um "para-si" separado desse mundo). As figuras anteriores são abstrações do espírito, analisando-se em seus momentos singulares. Assim, o espírito é consciência, quando na análise de si mesmo retém somente seu momento do em-si ou do ser. É consciência-de-si ao fixar-se somente no momento contrário, no ser-para-si. É razão, quando une o ser-em-si e o ser-para-si na categoria (identidade do ser e do pensar) — mas só é espírito em sua verdade quando se intui como razão que é, nela se efetiva e constitui seu mundo.

As figuras desta seção se distinguem das anteriores por serem espíritos reais, efetividades autênticas: em vez de figuras da consciência são figuras de um mundo.

O espírito verdadeiro. O mundo ético. O espírito, em sua verdade simples, é consciência, e como tal põe seus momentos um fora do outro: é substância e consciência da substância, o que, nesse mundo ético, significa *espírito de um povo* e *cidadão desse povo*. A consciência do cidadão tem a certeza de si mesma e sua verdade em um espírito que existe e vigora, isto é, na totalidade do povo. O mundo ético está polarizado entre a universalidade e a singularidade (comunidade e família, lei humana e lei divina, homem e mulher). Seu movimento é a passagem entre os dois pólos. A *lei humana*, alma da comunidade, tem sua verdade no que vigora manifestamente e se expõe à luz do dia (*ordem pública*) e reside no Estado, movimento do agir consciente de si. Seu outro, que a defronta, a *lei divina*, reside na comunidade natural da família, orienta-se para o singular, e muito particularmente, "não ao vivo, mas ao morto, que saindo da longa série de sua existência dispersa se recolhe numa única figura acabada, e se eleva à inquietude da vida contingente e à quietação da universalidade simples". A tarefa principal da família é sepultar os seus mortos, fazendo que um fenômeno natural como a morte seja, através dos ritos fúnebres, a inclusão de um membro seu na universalidade dos deuses ctônicos [subterrâneos].

A *lei de cima*, lei diurna, que anima a potência ética do Estado, personificada no governante, tem o povo e o cidadão como seu suporte. Os fins particulares podem descaracterizar os objetivos éticos da comunidade; por isso as guerras de vez em quando vêm sacudir esse torpor e impedir o naufrágio do ser-aí ético no ser-aí natural. A *lei ctônica*, que reside na família, anima suas relações recíprocas: marido e mulher, pais e filhos, irmão e irmã. Essa última relação é liberdade pura e límpida beleza, pois "o feminino tem na irmã o supremo pressentimento da essência ética, enquanto a relação marido/mulher é uma relação *natural*, e a dos pais com os filhos tem a "comoção" de terem os pais sua essência em um outro donde não podem retomá-la, e os filhos conquistarem sua plena autonomia pela morte dos pais. A relação irmão/irmã é o ponto de passagem e limite da família para outra esfera: o irmão passa para a eticidade do Estado, migra da lei divina para a lei humana; e a irmã torna-se guardiã da lei divina, que é a força e a convalidação da lei humana, pois a lei do céu aberto vem da ctônica, o consciente brota do inconsciente, a mediação, da imediatez; embora voltem igualmente ao ponto donde provêm.

O mundo ético é plenitude e equilíbrio; o *prazer* se realiza no seio da família e a *necessidade* é a consciência do cidadão. A *lei do coração* torna-se lei de todos os corações como ordem universal reconhecida; a *virtude* goza dos frutos de seu sacrifício, pois consegue alcançar seu propósito; a *coisa mesma* ganha nas potências éticas um testemunho verdadeiro. Essa totalidade e essa plenitude estão num equilíbrio dinâmico ao qual é sempre reconduzido pela *justiça*, que na lei humana é o governo do povo, e na lei divina é a Erínia do morto — sua potência subterrânea — que assume a reparação da injustiça.

Mas o mundo ético está fadado ao desaparecimento, porque ao passar de seu conceito para a ação, suas contradições vêm à tona. A oposição das duas leis faz que a ação segundo uma delas seja delito e culpa para a outra lei. A tragédia grega ilustra genialmente esse conflito.

a) *O estado de direito*. Em lugar da comunidade ética, surge a absoluta multiplicidade dos indivíduos, em que todos valem o mesmo como *pessoas*. O *estoicismo* era sua versão, em forma abstrata. Repete-se aqui a relação senhor/escravo, com esse "senhor do mundo", vontade universal dominadora sobre a obediência servil de todos os demais. E também a confusão universal do *ceticismo*: a pessoa, nessa figura, é uma instância puramente formal, que deixa o conteúdo em desordenada liberdade. O senhor do mundo é o sucedâneo e o avesso do espírito: embora concentrando em si todos os poderes, não passa de um caos de forças destrutivas — dos súditos e de si mesmo. Sua suposta onipotência é pura devastação: esse déspota está "fora de si", é um dejeto da consciência-de-si. O que no mundo ético era uno vai tornar-se estranho a si mesmo, vai *alienar-se*.

O espírito alienado de si mesmo: a cultura. O que caracteriza o mundo da cultura é que o ser-aí da efetividade, a essência da substância vem da perda de essência, da *alienação* do si, que com isso forma um mundo espiritual — compenetração do ser e da individualidade —, mas onde não se reconhece: parece-lhe algo alheio, estranho. O espírito é unidade, consciente de si mesma, do si e da essência, da individualidade e do ser. Aqui, cada um dos termos se situa como alienação do outro. Há uma primeira alienação, no mundo da efetividade; e uma nova alienação, o reino de pensamentos da pura consciência, que se divide em dois: o mundo da fé e o da pura intelecção do Iluminismo, que tudo reduz a conceitos transmudando todo o ser-em-si em ser para si. Quando a realidade efetiva perde toda a substancialidade, naufragam juntas cultura e fé e surge a liberdade absoluta, em que o espírito, antes alienado, retorna a si e emigra da terra da cultura para a da consciência moral.

a) *A cultura e seu reino da efetividade.* A consciência-de-si, por *extrusão* de sua personalidade, produz seu mundo, mas o toma por algo *estranho*, de que deve apoderar-se. Nesse mundo, a consciência-de-si só é algo, só tem realidade na medida em que se aliena e, assim, se põe como universal. O indivíduo só vale pela cultura, alienação de seu ser natural. A realidade é feita de momentos opostos que mutuamente se dão — e recebem — vida. Há várias dicotomias a serem analisadas: o bem e o mal, no interior da pura consciência; o poder do Estado e a riqueza, no nível da efetividade; a consciência nobre e a consciência vil, e todas essas dicotomias se entrecruzam e se deslocam mutuamente. Destacam-se a alienação constitutiva do poder do Estado e a função da linguagem, que, com sua mediação alienadora, "realiza o que significa" na estruturação desse mundo da alienação política. Especialmente complexas são as relações entre poder e riqueza. Como rejeição desse mundo, embora imerso nele, surge o "discurso dilacerado" da crítica radical, e às vezes absurda, ao pretender que a razão abandone os progressos da cultura. Como se fosse possível voltar ao mundo selvagem, nas imediações da consciência animal, a que chamam "natureza" ou "inocência"! O "discurso dilacerado", porém, não deixa de ser um apelo para que o mundo da cultura, saindo dessa confusão sobre si mesmo, tenha acesso a uma consciência mais alta.

b) *A fé e a pura intelecção (Iluminismo)*. A "pura consciência", que se aliena de um mundo já alienado, é fuga da realidade efetiva. Tem duas vertentes que divergem e se combatem. Uma é a *fé*, religião do mundo da cultura, diversa de outras formas religiosas já encontradas (consciência infeliz, fé num mundo ctônico) e da religião tal como estudaremos no fim desta *Fenomenologia*. A fé é um pensar que se desloca para um além da pura consciência — do pensamento para a representação —, criando um mundo supra-sensível, que é essencialmente outro em relação à consciência-de-si. A outra vertente é a *pura intelecção*, assumindo sua figura histórica no Iluminismo, que teve um papel fundamental ao consolidar, numa visão "enciclopédica", as versões intelectuais mais pertinentes e penetrantes da época. Mas declarou uma guerra total à fé, que chamava "superstição". Uma polêmica sem fim, em que a razão nem sempre está do lado da Ilustração, que tem razão no que afirma, mas não necessariamente no que nega; contudo a vitória final vai caber à Ilustração, porque consegue contagiar a fé — que, como ela, é também pura consciência — com suas razões e críticas. A Ilustração vitoriosa se biparte em duas correntes que se hostilizam: uma chama o absoluto de "matéria" (a materialista) e a outra, de "essência absoluta" (a deísta). Entretanto, nenhum dos dois Iluminismos chegou à "metafísica" cartesiana para saber que *o ser-em-si e o pensamento são o mesmo*. O ponto final a que o Iluminismo chegou foi o *utilitarismo*, que tem uma significação profunda, pois o útil é o objeto enquanto nele penetra o olhar da consciência-de-si, que descobre a verdadeira essência do objeto: a de ser penetrável ou de ser-para-outro.

c) *A liberdade absoluta e o terror*. Neste ponto, Hegel acerta suas contas com a Revolução Francesa, que foi uma das admirações de sua juventude. O Terror foi sua fase mais negra e fez o filósofo refletir sobre o fracasso de um movimento que suscitou tantas esperanças. Não foi um acidente de percurso, pois tal desfecho estava inscrito na própria natureza do processo, nessa liberdade absoluta sem mediação alguma.

A liberdade absoluta é a nova figura da consciência-de-si que identifica o mundo com sua vontade que é universal. Na liberdade absoluta, a consciência-de-si se sabe como a essência de todas as massas espirituais do mundo social (classes, estamentos) e do mundo sensível. Eleva-se, portanto, ao trono do mundo sem que poder algum lhe possa resistir, pois se julga a própria vontade universal e, assim, não há lugar para nenhum objeto livre e independente frente a ela, nem pode dar origem a nenhuma estrutura político-jurídica ou organização social. E porque não pode produzir nenhuma obra ou operação positiva, só lhe resta a fúria da destruição. Na rigidez da oposição entre universalidade e individualidade, sem mediação alguma, só resta a negação pura e simples, a morte — a morte mais prosaica e sem sentido. É essa a "sabedoria" do governo, sua maneira de entender e cumprir a vontade universal: é ele uma facção como as outras, embora seja o ponto individual em que a vontade universal se fixa. A ação do governo é caracterizada, pela vontade universal, como um crime contra ela; mas o governo radicaliza contra a vontade que se lhe opõe: culpa-a por sua *intenção,* identificando o *suspeito* com o culpado, destruindo-o. A partir dessa liberdade absoluta tornam a articular-se as "massas" dos corpos sociais, os quais — após terem sentido o pavor ante o senhor absoluto que é a morte — recuperam sua efetividade substancial.

Entretanto, esse puro negativo, suprassumido, torna-se o puro positivo e a consciência agora é puro saber e pura vontade. O espírito se reconforta como pensamento que é e permanece, sabendo-se como essência verdadeira e completa, esse ser encerrado dentro da consciência-de-si.

A moralidade — o espírito certo de si mesmo. Nesse capítulo, Hegel marca distância em relação à *Crítica da razão prática* de Kant, embora considere essa concepção do "espírito certo de si mesmo" o mais alto ponto atingido pelo espírito até então, quando "a vontade, impregnada de saber, absorveu toda a objetividade do mundo" e "o saber de sua liberdade é, para essa consciência, substância, fim e conteúdo exclusivo".

a) *A cosmovisão moral.* De tão identificada com o objeto, ela não se dá conta de que consciência é consciência e objeto é objeto. Toma-se como absolutamente livre ante esse ser-outro e toma o outro como absolutamente indiferente para com ela. Daí se seguem os "três postulados" que são, de fato, uma "ninhada de contradições". 1) A consciência cumpre seu dever, mas vê a natureza indiferente quanto a proporcionar-lhe felicidade. Como não pode renunciar à harmonia efetiva da moralidade com a natureza, postula que essa unidade se realize e que o *fim* seja a felicidade. 2) Mas há uma natureza interna, a sensibilidade, os impulsos naturais. Postula-se, então, que haja uma harmonia final entre eles e o dever, que agora parecem opostos. 3) O dever como tal é uno e simples, mas a ação é múltipla, e são múltiplos os deveres determinados. Postula-se agora que uma consciência sagrada os santifique, para que o universal e o particular formem uma unidade, e que essa consciência conceda felicidade à consciência humana imperfeita. Examinando mais de perto, vê-se que esses postulados se perdem na representação e não chegam ao conceito, operando "deslocamentos" constantes, em especial ao buscar em um legislador sagrado a solução para o "sincretismo de contradições" dessa teoria.

b) *A "boa consciência"* (Gewissen). O si da "*boa consciência*" tem, na sua própria certeza, um conteúdo para o dever, para o direito e a vontade universal, que estavam vazios na "consciência moral". As oposições em que aquela oscilava são momentos suprassumidos para esta: a essência moral e a ação formam uma unidade imediata e concreta. Em qualquer circunstância sabe o que fazer, pois isso lhe é dado imediatamente por ser "boa consciência". É a *bela alma* — esse puro saber de si, ao qual falta a realização, "por não ter a força de extrusar-se e fazer-se ser". O *universal* do puro dever está nela presente no *reconhecimento* que sua ação merece da parte de todos. Nos casos *particulares,* porém, surge o problema: quando tem de fazer opções, refugia-se em sua pura convicção do dever, ou seja, nela própria, em seu arbítrio. No entanto, acontece que uma ação, uma vez posta é ser-aí, é *para os outros, para todos.* Somente na consciência universal a consciência-de-si pode ser reconhecida e adquirir efetividade. Essa consciência exprime sua convicção, e o dever só vale como dever porque a convicção é expressa. Quando diz agir de acordo com sua consciência, diz a verdade, mas *é essencial que o diga,* pois esse si deve ser, ao mesmo tempo, um si universal.

c) *O mal e seu perdão.* Quando a "boa consciência" passa à ação, produz-se necessariamente a oposição de sua singularidade contra os outros singulares e o universal: o *mal* que entra em cena como desigualdade entre seu ser interior e o universal. E quando enuncia seu agir como dever, é *hipocrisia*, ao proclamar como lei sua vontade arbitrária e singular. A consciência universal tem dificuldade em julgá-la, por ser inefetiva, enquanto a outra estava na esfera do agir. Querendo condená-la, baixa de nível, só vê o lado mau das ações alheias, lembrando o dito: "ninguém é herói para sua camareira", não porque não exista herói, mas porque a camareira só o vê do lado das necessidades fisiológicas. Arvorando-se em juíza, primeiro recusa o perdão à consciência singular quando reconhece sua culpa. Só num segundo momento a juíza supera sua dureza de coração, se reconhece na outra consciência e perdoa.

A religião. Religião é sempre consciência da essência absoluta. Nas figuras anteriores, era a consciência que se tinha dessa essência; agora é a consciência que ela tem de si. Recapitulando, religião era aquele *supra-sensível* ou *interior* na seção "Entendimento" (ainda universal apenas, mas não espírito que se sabe como espírito). Era também a *essência imutável* na figura da "consciência infeliz"; eram as Eumênides subterrâneas, no "mundo ético"; como também as *representações celestiais* do mundo da fé, e igualmente o "*mais além*" do Iluminismo, que, afetando o mundo da moralidade com seu negativismo, não lhe permitia unir essencialidade e efetividade no seu *legislador supremo*.

Agora, esse movimento contraditório encontra sua verdade, pois enfim se chega ao si autoconsciente, à consciência que a essência absoluta tem de si mesma. Contudo, na esfera da religião, por mais elevada que seja, ainda está no elemento da representação: só no saber absoluto (na filosofia) o espírito consciente de si torna-se efetivo e objeto da consciência, sendo absorvida a dualidade que ainda persiste na religião.

Há uma homologia entre os momentos da consciência e as formas da religião: as figuras da consciência correspondem à *religião natural*; a consciência de si, à *religião da arte*; e a razão e o espírito, à *religião revelada*. Ou, melhor dizendo, a religião se efetiva num devir cujo movimento corresponde a esses momentos; penetra a todos e lhes confere um caráter comum, operando uma síntese superior em que os momentos antes soltos se reúnem num feixe.

a) *A religião natural*. O espírito que se sabe espírito aparece na religião como um objeto da consciência. Conforme a *figura* em que o espírito sabe a si mesmo, temos uma religião diversa ou uma forma diversa de religião. Nisso reside a verdade de uma religião: que naquela figura determinada o espírito se constitua e tome consciência de si mesmo. Essa religião tem três figuras: 1) a essência luminosa: da noite, como de sua fonte secreta e originária, surge a *aurora luminosa*, enchendo tudo com o esplendor de sua luz — as diversas formas da natureza retornam à sua origem como torrentes de fogo. Essa essência luminosa corresponde à figura do senhor: mas esse uno de mil nomes nem chega a ser sujeito, e só um si é capaz de dar consistência às figuras evanescentes. E surge 2) a religião das plantas e dos animais: uma multiplicidade de figuras de seres vivos. Logo a inocente religião das flores dá lugar à hostilidade e luta mortal da religião dos animais, com seus sacrifícios sangrentos; e os povos rivais se identificam com seus totens animais. Mas o movimento do espírito prossegue e temos 3) a religião do artesão, que é o espírito fazendo-se coisa. A atividade do artesão tem caráter instintivo, como a das abelhas. Primeiro o artesão cria formas abstratas de pirâmides e obeliscos que evitem a incomensurabilidade das curvas. O artesão ainda não chegou à convergência entre a obra e a consciência que a trabalha. Faz templos, morada do deus; une formas animais com a humana, há conflito da obscuridade do pensamento com a clareza da expressão.

b) *A religião da arte.* Corresponde ao espírito ético, embora pareça paradoxal que haja espaço para a religião em que o povo vive em unidade imediata com sua substância. De fato, a religião da arte só surge com perfeição quando esse mundo entra em declínio. Quando o singular toma consciência de si mesmo e de sua liberdade, o mundo ético encontra sua verdade e essência; mas justamente então soçobra na singularidade livre. É numa época assim que surge a *arte absoluta.*

- *A obra de arte abstrata.* As estátuas, nessa fase, são figurações da divindade, ainda com reminiscências dos elementos da natureza. A obra que cria não é viva: o momento consciente de si está do lado de quem produz ou de quem contempla a obra. Mas há também o hino, onde a *linguagem* é o elemento de figuração do deus: presença fluida que se propaga como contágio universal — é *singular*, por ser o fervor devoto desta consciência-de-si; e ao mesmo tempo, é *universal*, pois ao ser escutado forma uma corrente no ato de *todos os devotos*. Note-se o contraste entre a *estátua* — que por sua objetividade excessiva não tem si próprio — e o *hino*, tão encerrado no si, que tem figuração precária e se desfaz no próprio momento em que surge. O oráculo é outra linguagem do deus, que não tem a universalidade do hino. Além de singular é contingente: informa sobre dados ocasionais e irrelevantes. Já no culto, a essência divina *desce* do além, e a alma *sobe* a seu puro elemento divino.

- *A obra de arte viva.* A religião da essência luminosa, apesar de carente-de-si, tinha uma profundidade — na simplicidade absoluta da essência — que a religião da arte tenta agora recuperar. Os mistérios estão mais para o crepúsculo vespertino do que para a aurora da essência luminosa: ao ser comida e bebida, a substância alcança uma existência mais alta e toca os confins do ser espiritual. "Mistério" aqui não quer dizer ocultamento, mas conhecimento em que o si se sabe e experimenta um só com a essência, que se vê, cheira e toca, como objeto de desejo e de gozo. O espírito da terra é agora o princípio feminino da nutrição e o princípio masculino consciente de si. As festas: no culto das festas o homem toma o lugar da estátua — obra de arte viva e animada, beleza unida à força, que recebe os atributos do deus: é suprema honra representar a divindade. Mas se a bela corporeidade é pura clareza, os delírios báquicos são balbucios selvagens. Só há um elemento perfeito capaz de tornar a exterioridade interior e a interioridade exterior: a *linguagem*. Agora já não é o oráculo contingente ou um hino a um deus singular, nem balbucio de bacantes. É uma linguagem que tem um conteúdo *claro e universal*. São a epopéia, a tragédia e a comédia, formas superiores da arte.

• *A obra de arte espiritual.*

1) Na *epopéia*, os espíritos dos povos se reúnem num Panteão que é a linguagem. O aedo é o produtor desse mundo: num silogismo, em que o universal são os deuses, o meio-termo são os heróis particulares, a singularidade do aedo não passa de conseqüência. A epopéia atualiza a relação entre o divino e o humano ante a consciência. Os deuses que representam o universal fazem o mesmo que os homens fariam e, assim, são supérfluos. Mas os homens são um esforço inútil, já que as potências divinas tudo dirigem. Ora, acima dos deuses paira a *necessidade*, que representa a unidade do conceito: nela o jogo das ações dos particulares adquire seriedade e valor. Todo esse mundo de representações desaba sobre o herói, que sente sua vida destroçada, no auge da força e da beleza. Agora, num dos extremos está o destino abstrato; no outro, o aedo singular que não participa dos acontecimentos. Esses dois lados vão se aproximar na *tragédia*, em que a necessidade do destino adquire conteúdo e a linguagem do aedo se torna participante.

2) A *tragédia*. É a linguagem superior que reúne o mundo da essência e o mundo do agir sob a égide do conceito. A forma já não é narrativa: o herói fala, os espectadores/ouvintes se mostram no coro em que homens conscientes de si sabem o que querem e os direitos que lhes competem: não expressam o exterior dos eventos, mas seu interior. Expurgam os personagens de suas circunstâncias contingentes para expô-las como individualidades universais. (Mas a presença obrigatória da máscara indica que essa arte ainda não contém o si na sua completa autenticidade.) O coro representa o povo. Ao ver a seriedade do conceito passar por cima das figuras e despedaçá-las, interpreta isso como a força de um destino estranho, e tenta aplacar e consolar os que sofrem. Capitula ante a necessidade, por ser incapaz de entender o que ela é de fato: ação necessária do caráter e operação da própria essência absoluta. Há uma dualidade de heróis: um representa o direito humano, outro o direito divino (o Estado e família; o homem e a mulher; o mundo de cima e o mundo ctônico). Cada um dos heróis só sabe uma das potências da substância, com exclusão da outra: o que é revelado pelo oráculo leva à perdição quem o segue, pois não confere isso com o saber da potência oposta. Os deuses têm três figuras características: *Zeus*, que representa a substância e abarca tanto a potência do Estado quanto a da família; *Apolo*, o deus que sabe e que se revela; *As Erínias*, que se mantêm ocultas.

3) O desenlace da tragédia. O herói segue um oráculo ambíguo, quando tudo indicava sinais de embuste e não de verdade. Seguindo seu destino, lesa a potência oposta. Cul-

pa, não tem, mas o que comete é um crime. Porém, ao confrontar as duas potências opostas, vê que ambas têm igual direito e, assim, as relativiza e vota ao olvido (*Lethes*) tanto Apolo como as Erínias. E retorna a Zeus e ao destino (deixa as representações pelo conceito), o que leva ao despovoamento do céu, com suas representações carentes-de-essência.

4) A comédia. O que já exigiam os filósofos da Antigüidade começa na tragédia e se consuma na comédia. Os heróis devem deixar suas máscaras — a consciência-de-si deve apresentar-se tal como ela se sabe, isto é, como sendo o destino tanto dos deuses como das potências absolutas, e coincidindo com a consciência universal. Esvazia de conteúdo as representações e tem consciência da ironia dessas significações.

Uma das preocupações constantes de Hegel é a felicidade, o bem-estar, o *bei-sich* (estar realizado em si mesmo) da pessoa humana. Suas simpatias pelo "mundo ético" vinham do fato de ter nele identificado uma situação em que o homem sentia uma plenitude, perdida na "feiúra" das cisões (e esquizofrenias) do mundo moderno. Mas na comédia, que coincide com a saída desse mundo ético, identifica uma situação ainda melhor, pela liberdade de que goza, pela primeira vez, o indivíduo; situação privilegiada de bem-estar do espírito, como não mais se encontrou nada igual.

c) *A religião revelada.* Importa não confundir religião revelada com certos misticismos ou fantasias religiosas que imaginam o deus manifestando-se na natureza, na história ou mesmo nas religiões primitivas (às quais se dá um sentido que não havia para quem as praticava). Para ser religião revelada é preciso que o espírito se tenha dado em si a figura de consciência-de-si, que "seja-aí" como um homem efetivo para a certeza imediata, que veja, ouça. Que toque essa divindade. Ser revelado segundo o seu conceito é a verdadeira figura do espírito: o espírito é sabido como consciência-de-si e é imediatamente revelado a essa consciência, pois é a própria; por isso se diz que a natureza divina é a mesma que a humana: é essa unidade que se contempla.

Como se trata de uma consciência religiosa, o anelo da consciência-de-si de contemplar-se na essência absoluta se realiza, porém não na forma do conceito, pensamento e universal suprassumido (pois não é filosofia). Mas é o que dela mais se aproxima: a comunidade, que é universalidade da efetividade, totalidade dos si, que opera elevando o "ser-aí" à representação.

Entretanto, a religião move-se no elemento da representação, conjunção da imediatez sensível com a universalidade do pensamento. Ainda não chegou ao conceito, mas mesmo assim a vida da comunidade é o movimento que o espírito nela efetua, de refletir-se dentro de si, de ser sujeito. Seria empobrecer a vida do espírito por uma equivocada volta às origens, à comunidade primitiva, ou à literalidade dos discursos de seu fundador. O importante é a representação da comunidade e sua operação sobre essa representação, e não a reconstituição histórica dos eventos ou de um vulto singular. Observemos que Hegel apresenta uma versão dos dogmas cristãos — trindade, criação, pecado original, redenção — que tem pouco a ver com a fé professada pelas Igrejas cristãs: parece antes inspirada nas divagações dos gnósticos.

A revelação é a manifestação do espírito em seus três momentos (que lembram as três pessoas da trindade). O primeiro momento é o da essência simples igual a si mesma (o Pai). Esse produz seu outro, (seu Verbo); é a representação que vê nisso relações de paternidade e de filiação e toma momentos transitórios como sujeitos inabaláveis. Os dois se relacionam num reconhecimento de amor, em que não se opõem. Deus "cria" um mundo. Ora, "criar" é outro termo de representação: de fato o que há é o movimento simples do conceito que constitui seu outro como o negativo de si mesmo. Mas o si está também presente no mundo, e ao adentrar em si produz o mal. Lúcifer é o "primogênito" que ao adentrar-se em si produziu sua queda; mas logo Deus gerou outro filho (a segunda pessoa atual). Aliás, a representação divide o ser-outro em uma multidão de figuras angelicais e também imagina os dois momentos da essência como o bem e o mal — e contra o mal se volta a cólera divina. Quanto à redenção, ao se dizer que "a essência divina assume a natureza humana" está suposto que, ao se afastar de seu princípio e ao adentrar-se em si, essa essência comete uma queda e se torna má. Tal representação só se torna verdadeiramente espiritual quando, pelo sacrifício, essa figura particular retorna à universalidade da essência. E dessa morte surge a *comuni-*

dade, onde o elemento de representação, que havia antes, está suprassumido: a essência eterna já não está situada no "mais além"; o universal se torna efetivamente consciência-de-si, simples e universal. Tudo isso já está produzido *em si*; porém, enquanto for religião, é representação, não reconciliou ainda o mundo religioso com o efetivo: esse *em si* não se tornou o *ser para si* absoluto, que passamos agora a considerar.

O saber absoluto.

a) *Recapitulando.* O saber absoluto recapitula e enfeixa todos os momentos e figuras anteriores, que na verdade são as etapas de seu vir-a-ser. O movimento é o da reconciliação da consciência com a consciência de si, da objetividade e do si: reconciliação que já ocorreu na religião, embora no elemento da representação. Agora se passa para o elemento do conceito: o que era apenas em si, vem também a ser para a consciência, como seu próprio agir e seu próprio saber.

b) *História e natureza.* O movimento que faz brotar a força de seu saber de si é o trabalho que o espírito realiza na história efetiva. Vimos na parte final da consciência-de-si que somente quando ela desiste de um conteúdo estranho e retorna a si mesma é que descobre o mundo presente como sua propriedade. Mas foi só o primeiro passo para unir o mundo do pensamento com o mundo efetivo: o seguinte é a *razão observadora* que encontra e concebe o "ser-aí" como pensamento e o pensamento como "ser-aí". Na *extensão* (que julga constituir o ser) renasce aquela "essência luminosa" das religiões arcaicas, já que ela é, melhor que a luz, simplicidade igual ao puro pensamento. O espírito reage a essa abstração carente-de-si e afirma contra ela a *individualidade*, mas só chega a expressar a essência como "eu = eu" depois que atravessou o *utilitarismo* e a *liberdade absoluta*. Porém esse movimento, refletindo-se em si mesmo (igualdade que, por ser negatividade, é diferença absoluta e também objetiva) deve expressar-se como *tempo*. E a essência agora é *unidade de pensamento e tempo*. A força do espírito está em manter-se igual a si mesmo em sua extrusão, e — já que é em si e para si — pôr como momentos tanto o em si quanto o para si.

Agora, o espírito termina seu movimento em figuras. Afetadas pela diferença da consciência, seus momentos já não se apresentam como figuras da consciência — que aliás já retornou ao si —, mas como conceitos determinados. Na *Fenomenologia*, cada momento era diferença entre saber e verdade, e movimento para suprassumir essa diferença. Na ciência não cabe essa diferença nem suprassunção, porque tem a forma do conceito, que unifica verdade com o si que sabe. Mas o saber, além de si, deve conhecer seu limite, o que equivale a fazer sacrifício ou extrusão em que apresenta seu movimento em direção ao espírito como evento livre e contingente: seu "ser-aí" no *tempo* (a história) e no *espaço* (a natureza). A natureza não é outra coisa do que a eterna extrusão do espírito; e seu "vir-a-ser" é o movimento que reinstaura o sujeito. A história é o espírito que se extrusa no *tempo* e onde se reencontra porque se perdeu. Lento desfile de imagens, contendo, cada uma a seu modo, a riqueza total do espírito. Por isso, não há pressa para que o espírito possa compenetrar-se de toda a riqueza de sua substância. Adentrando em si, o espírito entrega à rememoração a figura em que teve seu "ser-aí" anterior, o qual, suprassumido no saber, renasce como nova figura no novo mundo do espírito.

c) *Rememoração*. A rememoração (*Erinnerung*) é a maneira de conservar os momentos anteriores, e assim o Espírito retoma sua marcha sempre de um nível mais alto. Cada espírito recebe o seu reino das mãos de seu predecessor, e a meta final é a revelação do que há de mais profundo: o *conceito absoluto*. Isso se efetua suprassumindo essa profundeza na *extensão*, onde o eu, adentrando em si, se extrusa em substância. Mas essa revelação é também sua encarnação no *tempo*, onde a extrusão, ao extrusar-se a si mesma, produz o si.

O saber absoluto é, portanto, a meta: o espírito que se sabe como espírito. Sua via de acesso é a rememoração dos espíritos como são em si mesmos e como organizam seus reinos. Sua recuperação, na forma do agir livre e da contingência, é a *história*. Contudo, vista do lado de sua organização conceitual é a *ciência do saber fenomenal*. Os dois lados reunidos, a história concebida, formam a rememoração e o calvário do espírito absoluto: a efetividade, a verdade e a certeza de seu trono.

Seleção de textos

Da "Introdução" à *Fenomenologia do espírito*

O exame do conhecer

Por outra: se o exame do conhecer — aqui representado como um meio — faz-nos conhecer a lei da refração de seus raios, de nada ainda nos serviria descontar a refração no resultado. Com efeito, o conhecer não é o desvio do raio: é o próprio raio, através do qual a verdade nos toca. Ao subtraí-lo, só nos restaria a pura direção ou o lugar vazio.

O temor de errar

De fato, esse temor de errar pressupõe como verdade alguma coisa (*melhor, muitas coisas*) na base de suas precauções e conseqüências — verdade que deveria antes ser examinada. Pressupõe, por exemplo, representações sobre o conhecer como instrumento e meio e também uma diferença entre nós mesmos e esse conhecer; mas, sobretudo, que o absoluto esteja de um lado e o conhecer de outro lado — para si e separado do absoluto — e mesmo assim seja algo real. Pressupõe com isso que o conhecimento, que, enquanto fora do absoluto, está também fora da verdade, seja verdadeiro — suposição pela qual se dá a conhecer que o assim chamado medo do erro é, antes, medo da verdade.

Essa conseqüência resulta de que só o absoluto é verdadeiro, ou só o verdadeiro é absoluto. É possível rejeitar essa conseqüência mediante a distinção entre um conhecimento que não conhece de fato o absoluto, como quer a ciência, e ainda assim é verdadeiro, e o conhecimento em geral, que, embora incapaz de aprender o absoluto, seja capaz de outra verdade. Mas vemos que no final esse falatório vai acabar numa distinção obscura entre um verdadeiro absoluto e um verdadeiro ordinário

A apresentação do espírito

Já que esta exposição tem por objeto exclusivamente o saber fenomenal, não se mostra ainda como ciência livre, movendo-se em sua forma peculiar. É possível porém tomá-la, desse ponto de vista, como o caminho da consciência natural que abre passagem rumo ao saber verdadeiro. Ou como o caminho da alma, que percorre a série de suas figuras como estações que lhe são preestabelecidas por sua natureza, para que se possa purificar rumo ao espírito, e através dessa experiência completa de si mesma alcançar o conhecimento do que ela é em si mesma.

A verdade do ceticismo

O ceticismo que termina com a abstração do nada ou do esvaziamento não pode ir além disso, mas tem de esperar que algo de novo se lhe apresente — e que novo seja esse — para jogá-lo no abismo vazio. Porém, quando o resultado é apreendido como em verdade é — como negação determinada —, é que então já surgiu uma nova forma imediatamente, e se abriu na negação a passagem pela qual, através da série completa das figuras, o processo se produz por si mesmo.

Conceito e objeto

Se chamarmos o saber, conceito; e se a essência ou o verdadeiro chamarmos essente ou objeto, então o exame consiste em ver se o conceito corresponde ao objeto. Mas chamando a essência ou o Em-si do objeto, conceito, e ao contrário, entendendo por objeto o conceito enquanto objeto — a saber como é para um Outro — então o exame consiste em ver se o objeto corresponde ao seu conceito. Bem se vê que as duas coisas são o mesmo: o essencial, no entanto, é manter firmemente durante o curso todo da investigação que os dois momentos, conceito e objeto, ser-para-um-Outro e ser-em-si-mesmo, incidem no interior do saber que investigamos. Portanto não precisamos trazer conosco padrões de medida, e nem aplicar na investigação nossos achados e pensamentos, pois deixando-os de lado é que conseguiremos considerar a Coisa como é em si e para si.

Consciência

Com efeito, a consciência, por um lado, é consciência do objeto; por outro, consciência de si mesma: é consciência do que é verdadeiro para ela, e consciência de seu saber da verdade. Enquanto ambos são para a consciência, ela mesma é sua comparação: é para ela mesma que seu saber do objeto corresponde ou não a esse objeto.

Experiência

Esse movimento dialético que a consciência exercita em si mesma, tanto em seu saber como em seu objeto, enquanto dele surge o novo objeto verdadeiro para a consciência, é justamente o que se chama experiência.

Vir-a-ser da consciência

Ora, do ponto de vista exposto, mostra-se o novo objeto como vindo-a-ser mediante uma reversão da consciência mesma. Essa consideração da Coisa é uma achega de nossa parte, por meio da qual a série das experiências se eleva a um processo científico; mas, para a consciência que examinamos, essa consideração não tem lugar. De fato porém ocorre a mesma situação já vista acima, quando falamos da relação dessa exposição com o ceticismo: a saber, cada resultado que provém de um saber não-verdadeiro não deve desaguar em um nada vazio, mas tem de ser apreendido necessariamente como nada daquilo de que resulta: um resultado que contém o que o saber anterior possui em si de verdadeiro.

Consciência e vir-a-ser

É assim que o processo aqui se desenvolve: quando o que se apresentava primeiro à consciência como objeto para ela se rebaixa a saber do objeto — e o Em-si se torna um ser-para-a-consciência do Em-si —, esse é o novo objeto, e com ele surge também uma nova figura da consciência, para a qual a essência é algo outro do que era para a figura precedente. É a essa situação que conduz a série completa das figuras da consciência em sua necessidade. Só essa necessidade mesma — ou a gênese do novo objeto — se apresenta à consciência sem que ela saiba como lhe acontece. Para nós, é como se isso lhe transcorresse por trás das costas. Portanto, no movimento da consciência ocorre um momento do ser-em-si ou do ser-para-nós, que não se apresenta à consciência, pois ela mesma está compreendida na experiência. Mas o conteúdo do que para nós vem surgindo é para a consciência: nós compreendemos apenas seu (*aspecto*) formal, ou seu surgir puro. Para ela, o que surge só é como objeto; para nós, é igualmente como movimento e vir-a-ser.

Ciência da experiência da consciência

É por essa necessidade que o caminho para a ciência já é ciência ele mesmo, e portanto, segundo seu conteúdo, é ciência da experiência da consciência.

A experiência que a consciência faz sobre si mesma não pode abranger nela, segundo seu conceito, nada menos que o sistema completo da consciência ou o reino total da verdade do espírito. Seus momentos se apresentam assim nessa determinidade peculiar, de não serem momentos abstratos ou puros, mas sim, tais como são para a consciência ou como a mesma aparece em sua relação para com eles; por isso os momentos do todo são figuras da consciência.

A consciência, ao abrir caminho rumo à sua verdadeira existência, vai atingir um ponto onde se despojará de sua aparência: a de estar presa a algo estranho, que é só para ela, e que é como um outro. Aqui a aparência se torna igual à essência, de modo que sua exposição coincide exatamente com esse ponto da ciência autêntica do espírito. E, finalmente, ao apreender sua verdadeira essência, a consciência mesma designará a natureza do próprio saber absoluto.

Referências e fontes

p. 7. A expressão "razão ampliada" é de Merleau-Ponty, que em seu livro *Sens et non sens* a utilizou para significar uma razão capaz de dar conta da diversidade dos psiquismos, dos métodos de pensamento e das civilizações segundo um fio condutor que as levaria à sua verdade.

Nessa mesma página, a formulação de Hegel é extraída do prefácio das *Linhas fundamentais da filosofia do direito*.

p. 9-11. A citação de Padre Vaz vem de seu artigo indicado na seção seguinte.

p. 31-2. Esse "puro pensamento" que caracteriza o estoicismo vai voltar, sob nova forma, na seção "Espírito alienado: a cultura", no capítulo "Fé e intelecção".

p. 37. Ver a famosa teoria de Lombroso sobre a caixa craniana do "criminoso nato".

p. 39ss. Hegel refere-se, na primeira figura, ao Dr. Fausto, de Goethe; na segunda a *Os bandidos*, de Schiller; e, na terceira, ao *Dom Quixote*, de Cervantes.

Leituras recomendadas

D'Hondt, Jacques. *Hegel*. Lisboa, Edições 70, 1965.

Hegel, G.W. Friedrich. *Enciclopédia das ciências filosóficas*. Trad. de Paulo Meneses. São Paulo, Loyola, 1995 e 1997.

_____. *Fenomenologia do espírito*. Trad. de Paulo Meneses. Petrópolis, Vozes, 1992.

Inwood, Michael. *Dicionário Hegel*. Rio de Janeiro, Zahar, 1997.

Lima Vaz, H.C.de. "Por que ler Hegel hoje?", *Boletim* SEAF, n.1, 1982.

_____. "Senhor e escravo: uma parábola da filosofia ocidental", *Síntese*, n.21, 1981.

_____. "Sociedade civil e Estado em Hegel", *Síntese*, n.19, 1980.

_____. "A filosofia política de Hegel", *Síntese*, n.22, 1981.

Meneses, Paulo. "Hegel como mestre de pensar", *Síntese*, n.23, 1996.

_____. *Para ler a Fenomenologia do Espírito*. São Paulo, Loyola, 2ª ed., 1992.

Rosenfield, Denis. *Hegel*. Rio de Janeiro, Zahar, 2002.

_____. *Política e liberdade em Hegel*. São Paulo, Ática, 1995.

Singer, Peter. *Hegel*. Lisboa, Dom Quixote, 1986.

Strathern, Paul. *Hegel em 90 minutos*, Rio de Janeiro, Zahar, 1998.

Sobre o autor

Paulo Meneses traduziu para português as obras mais importantes de Hegel: *Fenomenologia do espírito* e *Enciclopédia das ciências filosóficas*. Licenciado em teologia, doutor em filosofia e diplomado em ciências políticas pela Universidade de Paris, lecionou filosofia, antropologia e ciência política no Brasil (Instituto Brasileiro de Desenvolvimento, Rio de Janeiro; Universidade Católica de Pernambuco) e no exterior (Évora, Santiago do Chile). Tem numerosos artigos e livros publicados, entre eles *Para ler a Fenomenologia do Espírito*, *O conhecimento afetivo segundo Tomás de Aquino* e *Universidade diversidade*. Dirigiu o Centro de Estudos Sociais João XXIII (Rio de Janeiro) e, na Universidade Católica de Pernambuco, foi Chefe do Departamento de Sociologia, decano do CTCH e Pro-Reitor de Pesquisas. Dirigiu o Centro de Estudos para América Latina dessa mesma universidade.

Coleção **PASSO-A-PASSO**

Volumes recentes:

CIÊNCIAS SOCIAIS PASSO-A-PASSO

O negócio do social [40], Joana Angélica Barbosa Garcia

Origens da linguagem [41], Bruna Franchetto e Yonne Leite

Antropologia da criança [57], Clarice Cohn

Patrimônio histórico e cultural [66], Pedro Paulo Funari e Sandra de Cássia Araújo Pelegrini

Antropologia e imagem [68], Andréa Barbosa e Edgar T. da Cunha

Antropologia da política [79], Karina Kuschnir

Sociabilidade urbana [80], Heitor Frúgoli Jr.

Pesquisando em arquivos [82], Celso Castro

Cinema, televisão e história [86], Mônica Almeida Kornis

FILOSOFIA PASSO-A-PASSO

Estética [63], Kathrin H. Rosenfield

Filosofia da natureza [67], Márcia Gonçalves

Hume [69], Leonardo S. Porto

Hannah Arendt [73], Adriano Correia

Schelling [74], Leonardo Alves Vieira

Niilismo [77], Rossano Pecoraro

Kierkegaard [78], Jorge Miranda de Almeida e Alvaro L.M. Valls

Filosofia da biologia [81], Karla Chediak

Ontologia [83], Susana de Castro

John Stuart Mill & a liberdade [84], Mauro Cardoso Simões

Filosofia da história [88], Rossano Pecoraro

Teoria do conhecimento [91], Alberto Oliva

PSICANÁLISE PASSO-A-PASSO

Psicanálise com crianças [75], Teresinha Costa

Feminino/masculino [76], Maria Cristina Poli

Cinema, imagem e psicanálise [85], Tania Rivera

Trauma [87], Ana Maria Rudge

Édipo [89], Teresinha Costa

A psicose [90], Andréa M.C. Guerra

A angústia [92], Sonia Leite

Educação e psicanálise [93], Rinaldo Voltolini

Os outros em Lacan [94], Antonio Quinet

A paixão [95], Marcus André Vieira

Histeria: o caso Dora [96], Nadiá Paulo Ferreira e Marcus Alexandre Motta